Yf

882

LE TEMPLE
DE
LA GLOIRE,
FESTE
DONNÉE A VERSAILLES,

Le 27 Novembre 1745.

DE L'IMPRIMERIE
DE JEAN-BAPTISTE-CHRISTOPHE BALLARD,
Doyen des Imprimeurs du Roi, seul pour la Musique.
M. DCC XLV.

Par exprès Commandement de Sa Majesté.

PRÉFACE.

APRE'S une Victoire fignalée, après la prife de fept Villes à la vûe d'une Armée ennemie, et la Paix offerte par le Vainqueur ; le Spectacle le plus convenable qu'on pût donner au SOUVERAIN & à la Nation, qui ont fait ces grandes actions, étoit le Temple de la Gloire.

Il étoit tems d'effayer fi le vrai courage, la modération, la clémence qui fuit la Victoire, la félicité des peuples, étoient des fujets auffi fufceptibles d'une Mufique touchante, que de fimples Dialogues d'amour, tant de fois répétés fous des noms différens, & qui fembloient réduire à un feul genre, la Poëfie Lirique.

Le célébre *Metaftazio* dans la plûpart des Fêtes qu'il compofa pour la Cour de l'Empereur Charles VI. ofa faire chanter des Maximes de morale ; & elles plûrent ; on a mis ici en action, ce que ce genie fingulier avoit eu la hardieffe de préfenter, fans le fecours de la fiction & fans l'appareil du Spectacle.

Ce n'eft pas une imagination vaine & romanefque que le Trône de la Gloire, élevé auprès du féjour des Mufes, & la Caverne de l'Envie, placée entre ces deux Temples. Que la Gloire doive nommer l'homme le plus digne d'être couronné par elle, ce n'eft là que l'image fenfible du jugement des honnêtes gens, dont l'approbation eft le prix le plus flatteur que puiffent fe propofer les Princes ; C'eft cette eftime des contemporains, qui affure celle de la poftérité ; c'eft elle qui a mis les Titus au-deffus des Domitiens, Louis XII.

au-deſſus de Louis XI. & qui a diſtingué Henri IV. de tant de Rois.

On introduit ici trois eſpeces d'Hommes qui ſe préſentent à la Gloire , toujours prête à recevoir ceux qui le méritent , et à exclure ceux qui ſont indignes d'elle.

Le ſecond Acte déſigne, ſous le nom de *Belus* , les Conquérans injuſtes & ſanguinaires dont le cœur eſt faux & farouche.

Belus enyvré de ſon pouvoir , mépriſant ce qu'il a aimé , ſacrifiant tout à une ambition cruelle , croit que des actions barbares & heureuſes doivent lui ouvrir ce Temple ; mais il en eſt chaſſé par les Muſes qu'il dédaigne , & par les Dieux qu'il brave.

Bacus conquerant de l'Inde , abandonné à la moleſſe , & aux plaiſirs , parcourant la terre avec ſes Baccantes , eſt le ſujet du troiſiéme Acte ; dans l'ivreſſe de ſes paſſions, à peine cherchet'il la Gloire ; il la voit , il en eſt touché un moment ; mais les premiers honneurs de ce Temple ne ſont pas dûs à un homme qui a été injuſte dans ſes conquêtes & effrèné dans ſes voluptés.

Cette place eſt dûë au Heros qui paroît au quatriéme Acte ; On a choiſi Trajan parmi les Empereurs Romains qui ont fait la gloire de Rome & le bonheur du Monde. Tous les Hiſtoriens rendent témoignage que ce Prince avoit les vertus militaires & ſociables , et qu'il les couronnoit par la juſtice ; plus connu encor par ſes bienfaits que par ſes victoires ; il étoit humain , acceſſible ; ſon cœur étoit tendre , et cette tendreſſe étoit dans lui une vertu ; Elle répandoit un charme inexprimable fur ces grandes qualités qui prennent fouvent un caractere de dureté, dans une ame qui n'eft que jufte.

Il favoit éloigner de lui la calomnie : Il cherchoit le mérite modefte pour l'employer & le récompenfer, parce qu'il étoit modefte lui-même ; et il le démêloit, parce qu'il étoit éclairé : Il dépofoit avec fes amis, le fafte de l'Empire ; fier avec fes feuls ennemis ; et la clémence prenoit la place de cet hauteur après la victoire. Jamais on ne fut plus grand & plus fimple. Jamais Prince ne goûta comme lui, au milieu des foins d'une Monarchie immenfe, les douceurs de la vie privée & les charmes de l'amitié. Son Nom eft encor cher à toute la terre ; fa mémoire même fait encore des heureux, elle infpire une noble & tendre émulation aux cœurs qui font nés dignes de l'imiter.

TRAJAN dans ce Poëme, ainfi que dans fa vie, ne court pas après la Gloire ; il n'eft occupé que de fon devoir, & la Gloire vole au-devant de lui ; elle le couronne, elle le place dans fon temple, il en fait le Temple du bonheur public. Il ne rapporte rien à foi, il ne fonge qu'à être le bienfaicteur des hommes ; Et les éloges de l'Empire entier viennent le chercher, parce qu'il ne cherchoit que le bien de l'Empire.

Voilà le plan de cette Fête, il eft au-deffus de l'exécution, & au-deffous du fujet ; mais quelque foiblement qu'il foit traité, on fe flatte d'être venu dans un tems où ces feules idées doivent plaire.

ACTEURS ET ACTRICES,
Chantans dans tous les Chœurs.

DU CÔTÉ DU ROY;		DU CÔTÉ DE LA REINE;	
Les Demoiselles	*Les Sieurs*	*Les Demoiselles*	*Les Sieurs*
Dun,	Lefebvre,	Cartou,	Dun,
Tulou,	Marcelet,	Monville,	Person,
Delorge,	Albert,	Lagrandville,	De Serre,
Varquin,	Le Page-C.,	Masson,	Gratin,
Dallemand-C.,	Laubertie,	Rollet,	St. Martin,
Larcher,	Le Breton,	Desgranges,	Le Mesle,
Delastre,	Lamarre,	Gondré,	Chabou,
Riviere.	Fel,	Verneuil,	Levasseur.
	Bourque,		Belot,
	Houbeau,		Louatron,
	Bornet,		Forestier,
	Cuvillier,		Therasse,
	Gallard,		Dugay,
	Duchênet,		Le Begue,
	Orban,		Cordelet,
	Rochette.		Rhone.

MUSETTES, HAUT-BOIS, BASSONS,
Les Srs Chesdeville, Abram. Despreaux, Monot. Brunel, Rault.

PREMIER

P. Baudouin In.   Pasquier Sc.

PREMIER
ACTE.

ACTEURS CHANTANS.

L'ENVIE,	Le Sr Le Page.
APOLLON,	Le Sr Jelyotte.
UNE MUSE,	La Dlle Romainville.

Démons de la suite de L'ENVIE.

Muses & Heros de la suite d'APOLLON.

ACTEURS DANSANS.

DÉMONS.

Les Srs F-Dumoulin, P-Dumoulin, Feuillade, Caillé,

Malter-C., Dangeville, Hamoche, Levoir.

HEROS.

Le Sr Dupré ;

Les Srs Monservin, Javilliers-C., Dumay, Dupré,

Matignon, Device.

MUSES.

La Dlle Lyonnois-L. ;

Les Dlles Carville, Rabon, Erny, Rosalie,

Petit, Beaufort ;

Le Sr Malter-3.,   La Dlle Le Breton.

PREMIER ACTE.

Le Théâtre repréſente la Caverne de L'E N V I E.
On voit à travers les ouvertures de la Caverne, une partie
DU TEMPLE DE LA GLOIRE *qui eſt dans le fonds, et*
les Berceaux des Muſes qui ſont ſur les aiſles.

L'E N V I E *& ſes ſuivans, une Torche à la main.*

L'E N V I E.

P ROFONDS abîmes du Ténare,
  Nuit affreuſe, éternelle nuit,
  Dieux de l'oubli, Dieux du Tartare,
  Eclipſés le jour qui me luit ;
Démons, apportés-moi votre ſecours barbare,
  Contre le Dieu qui me pourſuit.

Les Muſes & la gloire ont élevé leur Temple
  Dans ces paiſibles lieux :
  Qu'avec horreur je les contemple !
  Que leur éclat bleſſe mes yeux !

A ij

Profonds abîmes du Ténare,

Nuit affreufe, éternelle nuit,

Dieux de l'oubli, Dieux du Tartare,
Eclipfés le jour qui me luit;

Démons, aportés moi votre fecours barbare,

Contre le Dieu qui me pourfuit.

SUITE DE L'ENVIE.

Notre gloire eſt de détruire,

Notre fort eſt de nuire;

Nous allons renverfer ces affreux monumens,

Nos coups redoutables

Sont plus inévitables

Que les traits de la Mort & le pouvoir du Tems.

L'ENVIE.

Hatés-vous, vangés mon outrage;
Des Mufes que je hais embrafés le bocage,

Ecrafés fous ces fondemens,

Et la Gloire, & fon Temple, & fes heureux Enfans

Que je hais encor davantage.

Démons ennemis des vivans,
Donnés ce fpectacle à ma rage.

Les Suivans de L'ENVIE *dansent & forment un Ballet figuré ; un Heros vient au milieu de ces Furies, étonnées à son approche, il se voit interrompu par les suivans de* L'ENVIE, *qui veulent en vain l'effrayer.*

APOLLON *entre, suivi des Muses, de demi-Dieux & de Heros.*

APOLLON.

Arrêtés monstres furieux.

Fuis mes traits, crains mes feux, implacable Furie.

L'ENVIE.

Non, ni les mortels, ni les dieux

Ne pourront défarmer l'Envie.

APOLLON.

Ofes tu fuivre encor mes pas ?

Ofes tu foutenir l'éclat de ma lumiere ?

L'ENVIE.

Je troublerai plus de climats,

Que tu n'en vois dans ta Carriere.

APOLLON.

Mufes & demi-Dieux, vangés-moi, vangés-vous.

Les HEROS *& les demi-Dieux faisissent* L'ENVIE.

L'ENVIE.

Non, c'eft envain que l'on m'arrête.

APOLLON.

Etouffés ces ferpens qui fifflent fur fa tête.

L'ENVIE.

Ils renaîtront cent fois pour fervir mon courroux.

APOLLON.

Le ciel ne permet pas que ce monftre périffe,

Il eft immortel comme nous :

Qu'il fouffre un éternel fuplice.

Que du bonheur du monde il foit infortuné ;

Qu'auprès de la gloire il gémiffe

Qu'à fon Trône il foit enchaîné.

L'Antre de L'ENVIE s'ouvre,
et laiße voir LE TEMPLE DE LA GLOIRE;
On l'enchaine aux pieds du Trône de cette Déeße.

CHŒUR
DES MUSES ET DEMI-DIEUX.

Ce monftre toûjours terrible

Sera toûjours abattu,

Les arts, la gloire, la vertu

Nouriront fa rage inflexible.

APOLLON,
aux Mufes.

Vous ; entre fa Caverne horrible

Et ce Temple où la Gloire apelle les grands cœurs,

Chantés Filles des Dieux, fur ce côteau paifible :

La Gloire & les Mufes font fœurs.

La Caverne de L'ENVIE acheve de difparaitre. On voit les deux côteaux du Parnaffe. Des Berceaux ornés de guirlandes de fleurs, font à my-côte & le fonds du Théâtre eft compofé de trois Arcades de verdure, à travers lefquelles on voit LE TEMPLE DE LA GLOIRE dans le lointain.

APOLLON continue.

Pénetrez les Humains de vos divines flammes,
Charmez, inftruifez l'univers,
Régnez, répandez dans les ames
La douceur de vos concerts.

Pénetrez les Humains de vos divines flammes,
Charmez, inftruifez l'univers.

*DANSE DES MUSES
& des Heros.*

CHOEUR DES MUSES.

Nous calmons les allarmes,
Nous chantons, nous donnons la paix;
Mais tous les cœurs ne font pas faits
Pour fentir le prix de nos charmes.

UNE MUSE.

Qu'à nos Loix à jamais dociles,
Dans nos champs, nos tendres Pafteurs,
Toujours fimples, toûjours tranquiles,
Ne cherchent point d'autres honneurs:
Que quelquefois, loin des grandeurs,
Les Rois viennent dans nos aziles.

CHŒUR DES MUSES.

Nous calmons les allarmes,
Nous chantons, nous donnons la paix ;
Mais tous les cœurs ne font pas faits
Pour fentir le prix de nos charmes.

FIN DU PREMIER ACTE.

Act. 1.er   P. 8

P. B. I   Prquier Sc

SECOND

SECOND
ACTE.

ACTEURS CHANTANS.

LIDIE, La D^{lle} Chevalier.
LARSINE, confidente de LIDIE, La D^{lle} Jacquet.
BERGERS ET BERGERES.
UNE BERGERE, La D^{lle} Bourbonnois.
UN BERGER, Le Sr Albert.
UN AUTRE BERGER, Le S^r De la Tour.
BELUS, Le S^r De Chaffé.
ROIS CAPTIFS, et Soldats de la Suite de BELUS.

APOLLON, Le Sr Jelyotte.

LES MUSES, Les D^{lles} { Romainville.
Canavaffe.
Jaquet.
Delaftre.
. . . . . .

Les S^{rs} { Le Begue.
Duguet.
. . . . . .
. . . . . .

ACTEURS DANSANS.
BERGERS ET BERGERES.

Le S^r D-Dumoulin; *La D^{lle} Sallé;*
La D^{lle} Le Breton
Les S^{rs} P-Dumoulin, Malter-3., Hamoche,
Matignon, Dumay, Dupré.
Les D^{lles} Saint Germain, Courcelle, Puvignée,
Thiery, Lyonnois-C., Grognet.

SECOND ACTE.

Le Théâtre représente le Bocage des Muses. Les deux côtés du Théâtre sont formés des deux colines du Parnasse. Des Berceaux entrelaßés de lauriers & de fleurs, regnent sur le penchant des colines ; au-deßous sont des Grottes percées à jour, ornées comme les Berceaux, dans lesquelles sont des Bergers & Bergeres; le fonds est composé de trois grands Berceaux en Architecture.

LIDIE, ARSINE, BERGERS ET BERGERES.

LIDIE.

QUI, parmi ces Bergers aux Muses consacrés,
Loin d'un tiran superbe & d'un amant volage,
Je trouverai la paix, je calmerai l'orage
    Qui trouble mes sens déchirés.

ARSINE.
Dans ces retraites paisibles,
Les Muses doivent calmer
Les cœurs purs, les cœurs sensibles,
Que la Cour peut oprimer.

B ij

Cependant vous pleurés , votre œil en vain contemple
Ces bois , ces Nimphes , ces Pasteurs ;
De leur tranquilité , suivés l'heureux exemple.

LIDIE.

La Gloire a vers ces lieux fait élever son Temple,
La honte habite dans mon cœur !
La Gloire en ce jour même, au plus grand Roi du monde,
Doit donner de ses mains un Laurier immortel ;
Bélus va l'obtenir.

ARSINE.

Votre douleur profonde
Redouble à ce nom si cruel.

LIDIE.

Bélus va triompher de l'Asie enchaînée,
Mon cœur & mes Etats sont au rang des vaincus,
L'Ingrat me promettoit un brillant himenée,
Il me trompoit du moins ; il ne me trompe plus,
Il me laisse , je meurs , & meurs abandonnée !

ARSINE.

Il a trahi vingt Rois ; il trahit vos appas,
Il ne connoît qu'une aveugle puissance.

LIDIE.

Mais, vers la Gloire il adresse ses pas,
Pourra-t'il sans rougir, soutenir ma présence ?

ARSINE.

Les Tirans ne rougissent pas.

LIDIE.

Quoi , tant de barbarie avec tant de vaillance !

O Muses, soyés mon appui ;

Secourés-moi contre moi-même,

Ne permettés pas que j'aime

Un Roi qui n'aime que lui.

LES BERGERS ET LES BERGERES,
consacrés aux Muses, sortent des Antres du Parnasse,
au son des instrumens champêtres.

LIDIE, aux Bergers.

VEnés tendres Bergers, vous qui plaignés mes larmes,

Mortels heureux, des Muses inspirés ,

Dans mon cœur agité répandés tous les charmes

De la Paix que vous célébrés.

LES BERGERS EN CHŒUR.

Oserons-nous chanter sur nos foibles Musettes,

Lorsque les horribles Trompettes

Ont épouvanté les Echos !

UNE BERGERE.

Que veulent donc tous ces Heros,

Pourquoi troublent-ils nos retraites?

LIDIE.

Au Temple de la Gloire ils cherchent le bonheur.

LES BERGERS.

Il est aux lieux où vous êtes ,

Il est au fonds de notre cœur.

On danse.

UN BERGER.

Vers ce Temple, où la mémoire
Confacre les noms fameux,
Nous ne levons point nos yeux,
Les Bergers font affés heureux
Pour voir au moins que la Gloire.
N'eft point faite pour eux.

On entend un bruit de Timbales & de Trompettes.

CHŒUR DE GUERRIERS

qu'on ne voit pas encore.

La guerre fanglante,
La mort, l'épouvante,
Signalent nos fureurs,
Livrons nous un paffage,
A travers le carnage,
Au faîte des grandeurs.

PETIT CHŒUR DE BERGERS.

Quels fons affreux, quel bruit fauvage!
O Mufes, protégés nos fortunés climats.

UN BERGER.

O Gloire, dont le nom femble avoir tant d'appas,
Seroit ce-là votre langage?

BE'LUS *paroît fous le Berceau du milieu, entouré de fes Guerriers; Il eft fur un Trône porté par huit Rois enchaînés.*

BE'LUS.

ROis qui portés mon Trône, Efclaves couronnés,
Que j'ai daigné choifir pour orner ma victoire ;
Allés , allés m'ouvrir le Temple de la Gloire ,
Préparés les honneurs qui me font deftinés.

Il defcend & continuë.

Je veux que votre orgueil feconde
Les foins de ma grandeur ;
La Gloire , en m'élevant au premier rang du monde ,
Honore aflés votre malheur.

Sa fuite fort.

On entend une Mufique douce.

Mais quels accens pleins de moleffe ,
Offenfent mon oreille & révoltent mon cœur !

LIDIE.

L'humanité , grands Dieux , eft-elle une foibleffe ?
Parjure Amant , cruel Vainqueur ,
Mes cris te pourfuivront fans ceffe.

BE'LUS.

Vos plaintes & vos cris ne peuvent m'arrêter ;
La Gloire loin de vous m'appelle ,
Si je pouvois vous écouter ,
Je deviendrois indigne d'elle.

LIDIE.

Non, la Gloire n'eft point barbare & fans pitié ,
Non, tu te fais des Dieux à toi même femblables;
A leurs Autels tu n'as facrifié
Que les pleurs & le fang des mortels miférables.

BELUS.

Ne condamnés point mes exploits ;
Quand on fe veut rendre le maître ,
On eft malgré foi , quelquefois
Plus cruel qu'on ne voudroit être.

LIDIE.

Que je hais tes exploits heureux !
Que le fort t'a changé ! Que ta grandeur t'égare!
Peut-être es tu né généreux.
Ton bonheur t'a rendu barbare.

BELUS.

Je fuis né pour dompter , pour changer l'univers :
Le foible Oifeau dans un bocage ,
Fait entendre fes doux concerts ;
L'Aigle qui vole au haut des airs ,
Porte la foudre & le ravage ;
Ceffés de m'arrêter par vos murmures vains ,
Et laiffés moi remplir mes auguftes deftins.

BELUS fort, *pour aller au Temple.*

LIDIE.

O Mufes puiffantes Déeffes,
De cet ambitieux fléchiffés la fierté ;
Secourés moi contre fa cruauté,
Ou du moins contre mes foibleffes.

APOLLON

APOLLON & les Muses descendent dans un Char qui
repose par les deux bouts sur les deux collines du Parnasse.

Elles chantent en Chœur.

NOus adoucissons
Par nos Arts aimables,
Les cœurs impitoyables,
Ou nous les punissons.

APOLLON.

Bergers, qui dans nos bocages,
Aprîtes nos chants divins,
Vous calmés les monstres sauvages,
Fléchissés les cruels humains.

LES BERGERS dansent.

APOLLON.

Vole Amour, Dieu des Dieux, embellis mon empire,
Désarme la guerre en fureur:

D'un regard, d'un mot, d'un sourire,
Tu calmes le trouble & l'horreur;
Tu peux changer un cœur,
Je ne peux que l'instruire;

Vole Amour, Dieu, des Dieux, embellis mon empire,
Désarme la guerre en fureur.

BE'LUS rentre, suivi de ses Guerriers.

Quoi, ce Temple pour moi ne s'ouvre point encore?
Quoi, cette Gloire que j'adore,
Près de ces lieux prépara mes Autels;
Et je ne vois que de foibles mortels,
Et de foibles Dieux que j'ignore?

CHŒUR DE BERGERS.

C'eſt aſſés vous faire craindre ,

Faites-vous enfin chérir ;

Ah, qu'un grand cœur eſt à plaindre,

Quand rien ne peut l'attendrir !

UNE BERGERE.

D'une beauté tendre & ſoumiſe,

Si tu trahis les appas,

Cruel Vainqueur, n'eſpére pas

Que la Gloire te favoriſe.

UN BERGER.

Quoi, vers la Gloire il a porté ſes pas,

Et ſon cœur ſeroit infidéle ?

Ah, parmi nous une honte éternelle,

Eſt le ſuplice des ingrats !

BELUS.

Qu'entens-je ! Il eſt au monde un peuple qui m'offenſe ?

Quelle eſt la faible voix qui murmure en ces lieux,

Quand la terre tremble en ſilence ?

Soldats, délivrés-moi de ce peuple odieux.

LE CHŒUR DES MUSES.

Arrêtés , reſpeĉtés les Dieux

Qui protegent l'innocence.

BELUS.

Des Dieux ! Oſeroient-ils ſuſpendre ma vangeance ?

APOLLON, & les Muses.

Ciel, couvrés-vous de feux ; Tonnerres, éclatés,
Tremble, fuis les Dieux irrités.

On entend le Tonnerre, & des éclairs partent du Char où sont
les Muses avec APOLLON.

APOLLON, seul.

Loin du Temple de la Gloire,
Cours au Temple de la Fureur.
On gardera de toi l'éternelle mémoire,
Avec une éternelle horreur.

LE CHŒUR.

d'Apollon & des Muses.

Cœur implacable,
Aprends à trembler,
La mort te suit, la mort doit immoler
Ce fortuné coupable.
Cœur implacable,
Aprends à trembler.

BELUS.

Non, je ne tremble point, je brave le Tonnerre ;
Je méprise ce Temple & je hais les Humains :
J'embrazerai de mes puissantes mains,
Les tristes restes de la Terre.

C ij

CHŒUR.

Cœur implacable ,
Aprends à trembler,
La mort te fuit , la mort doit immoler
Ce fortuné coupable.

Cœur implacable ,
Aprends à trembler.

APOLLON, ET LES MUSES,
A LIDIE.

Toi qui gémis d'un amour déplorable ,
Eteins ses feux , brises ses traits ,
Goûte par nos bienfaits
Un calme inaltérable.

Les Bergers & les Bergeres emmenent LIDIE.

FIN DU SECOND ACTE.

Act. 2.   P 20

P. B. f.   Pasquier Sc.

TROISIÉME
ACTE.

ACTEURS CHANTANS.

LE GRAND-PRETRE de la Gloire,   Le Sr Le Page.

UNE PRESTRESSE,   La Dlle Metz.

Chœur de Prêtres & de Prêtresses de la Gloire.

UN GUERRIER, suivant de BACUS. Le Sr Benoist.

UNE BACCANTE,   La Dlle Coupée.

BACUS,   Le Sr Poirier.

ERIGONE,   La Dlle Fel.

GUERRIERS, EGIPANS, BACCANTES, ET SATIRES de la Suite DE BACUS.

ACTEURS DANSANS.

PREMIER DIVERTISSEMENT.

PRESTRESSES DE LA GLOIRE.

La Dlle Carville.

Les Dlles Puvignée, Thiery, Lyonnois-C., Grognet.

HEROS.

Les Srs Caillez, Feuillade, Hamoche, Levoir.

SECOND DIVERTISSEMENT.

BACCANTES.

La Dlle Camargo ;

Les Dlles Petit, Rabon, Lyonnois-L., Erny, Beaufort, Rosalie, Courcelle, Saint Germain.

EGIPANS.

Les Srs Matignon, Malter-C., Dangeville, F-Dumoulin, Malter-L., Malter-trois.

SATIRES.

Les Srs Monservin, Gherardy, Dumay, Dupré, Javilliers-C., De Vice.

Le Sr Laval, fils,   La Dlle Puvignée.

TROISIEME ACTE.

Le Théâtre représente l'avenue & le frontispice du TEMPLE DE LA GLOIRE ; Le Trône que la Gloire a préparé pour celui qu'elle doit nommer le plus grand des hommes, est vû dans l'arriere Théâtre ; Il est suporté par des Vertus, et l'on y monte par plusieurs dégrés.

LE GRAND PRESTRE DE LA **GLOIRE,** *couronné de Lauriers, une Palme à la main ; entouré des Prêtres & des Prêtresses de la Gloire.*

UNE PRETRESSE.

GLOIRE enchanteresse,
Superbe maîtresse
Des Rois, des Vainqueurs ;
L'ardente jeunesse,
La froide vieillesse
Briguent tes faveurs.

LE CHŒUR.

Gloire enchanteresse, &c.

LA PRESTRESSE.

Le prétendu sage
Croit avoir brizé
Ton noble esclavage :
Il s'est abusé,
C'est un amant méprisé,
Son dépit est un hommage.

LE GRAND PRESTRE.

Déeffe des Héros, du vrai sage & des Rois,
Source noble & féconde
Et des Vertus & des Exploits :
O Gloire, c'est ici que ta puissante voix
Doit nommer par un juste choix,
Le premier des maîtres du Monde.

Venés, volés, accourés tous,
Arbitres de la Paix, & foudres de la Guerre,
Vous qui domptés, vous qui calmés la terre,
Nous allons couronner le plus digne de vous.

Danse de Heros, avec les Prêtresses de la Gloire.

*Les Suivans de BACUS, arrivent avec des Baccantes
& des Menades, couronnés de Liere, le Tirse à la main.*

UN GUERRIER, SUIVANT DE BACUS.

BAcus est en tous lieux notre guide invincible,
Ce Heros fier & bienfaisant,
Est toujours aimable & terrible :
Préparés le prix qui l'attend.

UNE

UNE BACCANTE ET LE CHŒUR.

Le Dieu des plaisirs va paraître,

Nous annonçons notre Maître,

Ses douces fureurs,

Dévorent nos cœurs.

Pendant ce Chœur, les Prêtres de la Gloire rentrent dans le Temple, dont les portes se ferment.

LE GUERRIER.

Les Tigres enchaînés conduisent sur la terre,

Erigone & Bacus;

Les Victorieux, les Vaincus,

Tous les Dieux des plaisirs, tous les Dieux de la guerre

Marchent ensemble confondus.

On entend le bruit des Trompettes, des Haubois, & des Flutes alternativement.

LA BACCANTE.

Je vois la tendre volupté

Sur le Char sanglant de Bellone,

Je vois l'Amour qui couronne

La valeur & la beauté.

BACUS ET ERIGONE

paroissent sur un Char attelé par des Tigres : entouré de Guerriers, de Baccantes, d'Egypans.

D

BACUS.

Objet de ma brûlante ardeur,

Je n'ai point inventé dans les horreurs des armes

Ce Nectar des humains, néceffaire au bonheur,

Pour confoler la terre, & pour fécher fes larmes,

C'étoit pour enflammer ton cœur.

Baniffons la Raifon de nos brillantes fêtes.

Non, je ne la connus jamais

Dans mes plaifirs, dans mes conquêtes;

Non, je ne la connus jamais.

Non, je t'adore, et je la hais

Baniffons la Raifon de nos brillantes fêtes.

ERIGONE.

Confervés-la plûtôt pour augmenter vos feux,

Baniffés feulement le bruit & le ravage :

Si par vous le monde eft heureux,

Je vous aimerai davantage.

BACUS.

Les faibles fentimens offenfent mon amour,

Je veux qu'une éternelle yvreffe

De gloire, de grandeur, de plaifirs, de tendreffe

Regne fur mes fens tour à tour.

ERIGONE.

Vous allarmés mon cœur, il tremble de fe rendre,

De vos emportemens il eft épouvanté;

Il feroit plus tranfporté,

Si le votre étoit plus tendre.

BACUS.

Partagés mes transports divins,
Sur mon char de victoire, au sein de la molesse
Rendés le Ciel jaloux, enchaînés les humains,
Un Dieu plus fort que moi nous entraîne & nous presse.

Que ce Tirse regne toujours
Dans les plaisirs & dans la guerre,
Qu'il tienne lieu de tonnerre,
Et des fléches des amours.

LE CHŒUR.

Que ce Tirse regne toujours
Dans les plaisirs & dans la guerre,
Qu'il tienne lieu de tonnerre,
Et des fléches des amours.

ERIGONE.

Quel Dieu de mon ame s'empare!
Quel désordre impétueux?
Il trouble mon cœur, il l'égare.
L'Amour seul rendroit plus heureux.

BACUS.

Mais quel est dans ces lieux ce Temple solitaire!
A quels Dieux est-il consacré?
Je suis vainqueur, j'ai sçû vous plaire,
Si Bacus est connu, Bacus est adoré.

D ij

UN DES SUIVANS DE BACUS.

La Gloire est dans ces lieux, le seul Dieu qu'on adore,
Elle doit aujourd'hui placer sur ses Autels,
Le plus auguste des mortels.
Le Vainqueur bienfaisant des peuples de l'Aurore,
Aura ces honneurs solemnels.

ERIGONE.

Un si brillant hommage
Ne se refuse pas.
L'Amour seul me guidoit, sur cet heureux rivage;
Mais on peut détourner ses pas,
Quand la Gloire est sur le passage.

ENSEMBLE.

La Gloire est une vaine erreur,
Mais avec vous c'est le bonheur suprême:
C'est vous que j'aime,
C'est vous qui remplissés mon cœur.

BACUS.

Le Temple s'ouvre,
La Gloire se découvre.
L'objet de mon ardeur y sera couronné;
Suivez-moi.

Le Temple de la Gloire paroît ouvert.

LE GRAND PRESTRE DE LA GLOIRE.

Téméraire, arrête,
Ce Laurier seroit profané,
S'il avoit couronné ta tête;
Bacus qu'on célébre en tous lieux,
N'a point ici la préférence;
Il est une vaste distance
Entre les noms connus & les noms glorieux.

ERIGONE.

Eh quoi ! De ſes préſens, la Gloire eſt-elle avare
Pour ſes plus brillans favoris ?

BACUS.

J'ai verſé des bienfaits ſur l'Univers ſoumis ;
Pour qui ſont ces Lauriers que votre main prépare ?

LE GRAND PRESTRE.

Pour des vertus d'un plus haut prix.
Contentés-vous, Bacus, de regner dans vos fêtes,
D'y noyer tous les maux que vos fureurs ont faits,
Laiſſés-nous couronner de plus belles conquêtes ,
Et de plus grands bienfaits.

BACUS.

Peuple vain , peuple fier , enfans de la triſteſſe,
Vous ne méritez pas des dons ſi prétieux.
Bacus vous abandonne à la froide ſageſſe,
Il ne ſçauroit vous punir mieux.

Volés , ſuivés-moi, Troupe aimable,
Venés embellir d'autres lieux.
Par la main des plaiſirs , des amours , et des jeux ,
Verſez ce nectar délectable,
Vainqueur des Mortels & des Dieux ;
Volés ſuivés-moi Troupe aimable ,
Venés embellir d'autres lieux.

BACUS ET ERIGONE.

Parcourons la terre
Au gré de nos deſirs ,
Du Temple de la guerre ,
Au Temple des plaiſirs.

On danſe.

UNE BACCANTE,
avec le Chœur.

Bacus fier & doux vainqueur,

Conduis mes pas, regne en mon cœur,

La Gloire promet le bonheur,

Et c'est Bacus qui nous le donne.

Raison, tu n'es qu'une erreur,

Et le chagrin t'environne.

Plaisir, tu n'es point trompeur,

Mon ame à toi s'abandonne.

Bacus fier & doux vainqueur, &c.

FIN DU TROISIEME ACTE.

Act. 3.e   *P. 30*

Soubeiren Sc

P. B. I.

QUATRIÉME ACTE.

ACTEURS CHANTANS.

PLAUTINE. La D^{lle}. Chevalier.

JUNIE, ⎫ Confidentes de PLAUTINE, ⎰ La D^{lle} Romainville.
FANIE, ⎭ ⎱ La D^{lle} Canavasse.

Prêtres de MARS, & Prêtresses de VENUS.

TRAJAN, Le Sr Jelyotte.

GUERRIERS de la suite de TRAJAN.

ROIS vaincus à la suite de TRAJAN, Les S^{rs} ⎰ Poirier,
De la Tour,
Gallard,
Albert,
Person.
Le Fevre.

ROMAINS ET ROMAINES.

LA GLOIRE, La D^{lle} Fel.

SUIVANS DE LA GLOIRE.

ACTEURS DANSANS.

PREMIER DIVERTISSEMENT.

PRESTRES DE MARS.

Les Srs Dumay, Dupré, P-Dumoulin, De Vice.

PRESTRESSES DE VENUS.

La D^{lle} Dallemand;
Les D^{lles} Petit, Beaufort, Puvignée, Thiery.

SECOND DIVERTISSEMENT.

SUIVANTS DE LA GLOIRE.

Le Sr Pitro;
Les Srs Monservin, Javilliers-L., Matignon, Levoir,
Les D^{lles} Lyonnois-L., Erny, Saint Germain, Courcelle.

QUATRIEME

QUATRIEME ACTE.

*Le Théâtre repréfente la ville d'Artaxate à demie ruinée, au mi-
lieu de laquelle eft une place publique ornée d'Arcs de triomphe,
chargés de trophées.*

PLAUTINE, JUNIE, FANIE.

PLAUTINE.

REVIEN divin Trajan, vainqueur doux &
terrible,
Le monde eft mon rival, tous les cœurs font
à toi;
Mais, eft-il un cœur plus fenfible,
Et qui t'adore plus que moi?

Les Partes fon tombés fous ta main foudroyante,
Tu punis, tu vanges les Rois,
Rome eft heureufe & triomphante,
Tes bienfaits paffent tes exploits.

Revien divin Trajan, vainqueur doux & terrible,
Le monde eft mon rival, tous les cœurs font à toi;
Mais, eft-il un cœur plus fenfible,
Et qui t'adore plus que moi?

E

J U N I E.

Dans ce climat barbare au sein de l'armenie,
Osés vous affronter les horreurs des combats?

P L A U T I N E.

Nous êtions protegés par son puissant génie,
Et L'Amour conduisoit mes pas.

J U N I E.

L'Europe reverra son vangeur & son Maître,
Sous ces Arcs triomphaux, on dit qu'il va paraître.

P L A U T I N E.

Ils sont élevés par mes mains,
Quel doux plaisir succede à ma douleur profonde!
Nous allons contempler dans le Maître du monde,
Le plus aimable des humains.

J U N I E.

Nos Soldats triomphans, enrichis, pleins de gloire,
Font voler son nom jusqu'aux cieux.

F A N I E.

Il se dérobe à leurs chants de victoire,
Seul, sans pompe, et sans suite, il vient orner ces lieux.

P L A U T I N E.

Il faut à des Heros vulgaires
La pompe & l'éclat des honneurs,
Ces vains appuis sont nécessaires
Pour les vaines grandeurs.

Trajan seul est suivi de sa gloire immortelle;
On croit voir près de lui l'univers à genoux,
Et c'est pour moi qu'il vient! Ce Heros m'est fidele!
Grands Dieux, vous habités dans cette ame si belle,
Et je la partage avec vous!

TRAJAN, PLAUTINE, *suite.*

PLAUTINE, courant audevant de TRAJAN.

ENFIN, je vous revois, le charme de ma vie
M'eſt rendu pour jamais.

TRAJAN.

Le Ciel me vend cher ſes bienfaits.
Ma felicité m'eſt ravie.
Je reviens un moment pour m'arracher à vous,
Pour m'animer d'une vertu nouvelle,
Pour mériter, quand Mars m'appelle,
D'être Empereur de Rome & d'être votre Epoux.

PLAUTINE.

Que dites vous ? Quel mot funeſte ?
Un moment ! Vous, ô Ciel ! Un ſeul moment me reſte,
Quand mes jours dépendoient de vous revoir toujours.

TRAJAN.

Le Ciel en tous les tems m'accorda ſon ſecours ;
Il me rendra bientôt aux charmes que j'adore :
C'eſt pour vous qu'il a fait mon cœur,
Je vous ai vûe, et je ſerai vainqueur.

PLAUTINE.

Quoi, ne l'êtes vous pas ? Quoi, ſeroit-il encore
Un Roi que votre main n'auroit pas déſarmé ?
Tout n'eſt t'il pas ſoumis, du couchant à l'aurore ?
L'Univers n'eſt t'il pas calmé ?

E ij

TRAJAN.

On ose me trahir?

PLAUTINE.

Non, je ne puis vous croire,
On ne peut vous manquer de foi.

TRAJAN.

Des Partes terraſſés l'inéxorable Roi
S'irrite de ſa chûte, & brave ma victoire,
Cinq Rois qu'il a ſéduits ſont armés contre moi;
Ils ont joint l'artifice aux excès de la rage,
Ils ſont au pié de ces Remparts;
Mais j'ai pour moi les Dieux, les Romains, mon courage,
Et mon amour & vos regards.

PLAUTINE.

Mes regards vous ſuivront; je veux que ſur ma tête,
Le Ciel épuiſe ſon couroux,
Je ne vous quitte pas, je braverai leurs coups,
J'écarterai la mort qu'on vous aprête
Je mourrai du moins près de vous.

TRAJAN.

Ah, ne m'accablés point, mon cœur eſt trop ſenſible;
Ah, laiſſés-moi vous mériter;
Vous m'aimés, il ſuffit, rien ne m'eſt impoſſible,
Rien ne pourra me réſiſter.

PLAUTINE.

Cruel, pouvés-vous m'arrêter?
J'entends déja les cris d'un ennemi perfide.

TRAJAN.

J'entends la voix du devoir qui me guide,
Je vole   demeurés; la Victoire me ſuit.
Je vole, attendés tout de mon peuple intrépide,
Et de l'amour qui me conduit.

ENSEMBLE.

Je vais ⎰
Allés ⎱ { Punir un Barbare ,

Terrasser sous { mes / vos } coups

L'Ennemi qui nous sépare ,

Qui m'arrache un moment à vous.

PLAUTINE.

Il m'abandonne à ma douleur mortelle ,

Cher Amant , arrêtés ; Ah ! Détournés les yeux ,

Voyés encor les miens.

TRAJAN, *au fond du Théâtre.*

O Dieux ! O Justes Dieux !

Veillés sur l'Empire & sur elle.

PLAUTINE.

Il est déja loin de ces lieux ,

Devoir , es-tu content ? Je meurs , et je l'admire.

Ministres du Dieu des combats ,

Prêtresses de Venus , qui veillez sur l'Empire ,

Percés le Ciel de cris , accompagnés mes pas ,

Secondés l'amour qui m'inspire.

CHOEUR DES PRESTRES DE MARS.

Fier Dieu des allarmes ,

Protége nos armes ,

Conduis nos Etendarts.

CHOEUR DES PRESTRESSES DE VENUS.

Déesse des Graces ,

Vole sur ses traces ,

Enchaîne le Dieu Mars.

On danse.

CHŒUR DES PRESTRESSES.

Mere de Rome & des Amours paisibles,
Vien tout ranger sous ta charmante loi,
Vien couronner nos Romains invincibles,
Ils sont tous nés pour l'amour, et pour toi.

PLAUTINE.

Dieux puissants, protégés votre vivante Image,
Vous étiés autrefois des mortels comme lui,
C'est pour avoir regné comme il regne aujourd'hui,
Que le Ciel est votre partage.

On danse.

On entend un CHŒUR *de Romains qui avancent lentement sur le Théâtre.*

Charmant Heros, qui poura croire
Des exploits si prompts & si grands ?
Tu te fais en peu de tems,
La plus durable mémoire.

JUNIE.

Entendés-vous ces cris & ces chants de victoire ?

FANIE.

Trajan revient vainqueur.

PLAUTINE.

En pouviés-vous douter ?
Je vois ces Rois captifs, ornemens de sa gloire,
Il vient de les combattre, il vient de les dompter.

JUNIE.

Avant de les punir par ses loix légitimes,
Avant de frapper ses Victimes,
A vos genoux, il veut les présenter.

TRAJAN paroît, entouré des Aigles romaines & de Faisceaux ;
Les Rois vaincus sont enchaînés à sa suite.

TRAJAN.

Rois, qui redoutés ma vangeance,
Qui craignés les affrons aux vaincus destinés,
Soyés désormais enchaînés
Par la seule reconnoissance ;
Plautine est en ces lieux, il faut qu'en sa présence,
Il ne soit point d'infortunés.

LES ROIS se relevant, chantent avec le Chœur.

O Grandeur ! O Clémence !
Vainqueur égal aux Dieux,
Vous avés leur puissance,
Vous pardonnés comme eux.

PLAUTINE.

Vos vertus ont passé mon esperance même,
Mon cœur est plus touché que celui de ces Rois.

TRAJAN.

Ah, s'il est des vertus dans ce cœur qui vous aime,
Vous sçavés à qui je les dois !
J'ai voulu des Humains mériter le suffrage,
Dompter les Rois, briser leurs fers,
Et vous apporter mon hommage ,
Avec les vœux de l'univers.

Ciel ! Que vois-je en ces lieux ?

LA GLOIRE descend d'un vol précipité,
une Couronne de laurier à la main;

LA GLOIRE.

Tu vois ta récompense,
Le prix de tes exploits, sur tout de ta clémence;
Mon Trône est à tes pieds, tu regnes avec moi.

Le Théâtre change & représente LE TEMPLE DE LA GLOIRE.

ELLE *continue.*

PLus d'un Héros, plus d'un grand Roi,
Jaloux envain de sa mémoire,
Vola toujours après la Gloire,
Et la Gloire vole après toi.

LES SUIVANS DE LA GLOIRE, *mêlés aux Romains*
& aux Romaines, forment des danses.

UN ROMAIN.

Regnés en paix après tant d'orages,
Triomphés dans nos cœurs satisfaits,
Le sort préside aux combats, aux ravages;
La Gloire est dans les bienfaits.

Tonnerre, écarte-toi de nos heureux rivages;
Calme heureux, reviens pour jamais.

Regnés en paix, &c.   *CHŒUR.*

CHŒUR.

Le Ciel nous seconde,

Célébrons son choix :

Exemple des Rois,

Délices du monde ,

Vivons sous tes loix.

JUNIE.

Tendre Venus à qui Rome est soumise,

A nos exploits joins tes tendres appas ;

Ordonne à Mars enchanté dans tes bras ,

Que pour Trajan sa faveur s'éternise.

LE CHŒUR.

Le Ciel nous seconde,

Célébrons son choix :

Exemple des Rois ,

Délices du monde,

Vivons sous tes loix.

TRAJAN.

Des honneurs si brillans, sont trop pour mon partage,

Dieux dont j'éprouve la faveur ,

Dieux de mon peuple, achevés votre ouvrage ,

Changés ce Temple auguste en celui du Bonheur.

F

Qu'il ſerve à jamais aux Fêtes

Des fortunés humains :

Qu'il dure autant que les conquêtes,

Et que la gloire des Romains.

LA GLOIRE.

Les Dieux ne refuſent rien

Au Heros qui leur reſſemble :

Volés, Plaiſirs que ſa vertu raſſemble ;

Le Temple du Bonheur ſera toujours le mien.

FIN DU QUATRIEME ACTE.

Act 4 et   P 42

P. B. J.

CINQUIÉME ACTE.

ACTEURS CHANTANS.

UNE ROMAINE,   La D^{lle} Bourbonnois.

UNE BERGERE,   La D^{lle} Coupée.

Bergers & Bergeres.

UN ROMAIN,   Le Sr Benoist.

Jeunes Romains & Romaines;
Et tous les Acteurs du quatriéme Acte.

ACTEURS DANSANS.
ROMAINS ET ROMAINES
de differens états.

PREMIER QUADRILLE.
Le Sr Dupré;

Les Srs Monservin, Javilliers-L.;

Les D^{lles} Erny, Lyonnois-L.

DEUXIE'ME QUADRILLE.
Le S^r D-Dumoulin;

Les Srs Matignon, Le Voir;

Les D^{lles} Saint-Germain, Courcelle.

TROISIE'ME QUADRILLE.
La D^{lle} Sallé;

Les Srs Dumay, Dupré;

Les D^{lles} Thiery, Beaufort.

QUATRIE'ME QUADRILLE.
La D^{lle} Camargo;

Les Srs Javilliers-C., Gherardy;

Les D^{lles} Rabon, Rosalie.

P. B. I.   Pasquier Sc

CINQUIEME ACTE.

Le Théâtre change & représente LE TEMPLE DU BONHEUR;
Il est formé de Pavillons d'une Architecture légere, de Péristiles,
de Jardins, de Fontaines, &c. Ce lieu délicieux est rempli de
Romains & de Romaines de tous états.

CHŒUR.

CHANTONS en ce jour solemnel,
Et que la Terre nous réponde :
Un Mortel, un seul mortel,
A fait le bonheur du monde.

On danse.

UNE ROMAINE.

Tout rang, tout sexe, tout âge
Doit aspirer au bonheur.

LE CHŒUR.

Tout rang, tout sexe, tout âge
Doit aspirer au bonheur.

LA ROMAINE.

Le Printems volage,

L'Eté plein d'ardeur,

L'Automne plus fage,

Raifon, badinage,

Retraite, grandeur,

Tout rang, tout fexe, tout âge

Doit afpirer au bonheur.

LE CHŒUR.

Tout rang, &c.

Des Bergers & des Bergeres entrent en danfant.

UNE BERGERE.

Ici les plus brillantes fleurs

N'effacent point les violettes;

Les Etendarts & les Houlettes

Sont ornés de mêmes couleurs.

Les chants de nos tendres Pafteurs,

Se mêlent au bruit des Trompettes;

L'Amour anime en ces retraites,

Tous les regards & tous les cœurs.

Ici les plus brillantes fleurs

N'effacent point les violettes;

Les Etendarts & les Houlettes

Sont ornés des mêmes couleurs.

Les Seigneurs & les Dames Romaines fe joignent en danfant,
aux Bergers & aux Bergeres.

UN ROMAIN.

Dans un jour ſi beau,

Il n'eſt point d'allarmes ;

Mars eſt ſans armes,

L'Amour ſans bandeau.

LE CHŒUR.

Dans un jour ſi beau, &c.

LE ROMAIN.

La Gloire & les Amours en ces lieux n'ont des aîles

Que pour voler dans nos bras ,

La Gloire aux ennemis préſentoit nos Soldats,

Et l'Amour les préſente aux belles.

LE CHŒUR.

Dans un jour ſi beau ,

Il n'eſt point d'allarmes ;

Mars eſt ſans armes,

L'Amour ſans bandeau.

On danſe.

TRAJAN paroît avec PLAUTINE,

Et tous les Romains ſe rangent autour de lui.

CHŒUR.

Toi que la Victoire

Couronne en ce jour ,

Ta plus belle gloire

Vient du tendre Amour.

TRAJAN.

O Peuples de Heros qui m'aimez & que j'aime,

Vous faites mes grandeurs ;

Je veux regner sur vos cœurs,

Sur tant d'appas * & sur moi-même ;

* *Montrant Plautine.*

Montés au haut du Ciel, Encens que je reçois,

Retournés vers les Dieux, hommages que j'attire:

Dieux protégés toujours ce formidable Empire,

Inspirés toujours tous ses Rois.

Montés au haut du Ciel, Encens que je reçois,

Retournés vers les Dieux, hommages que j'attire.

Toutes les différentes Troupes recommencent leurs danses autour de
TRAJAN *& de* PLAUTINE, *et terminent la Fête*
par un Ballet général.

FIN.

www.ingramcontent.com/pod-product-compliance
Lightning Source LLC
LaVergne TN
LVHW022151080426
835511LV00008B/1353